Increíble

Ayuda al pez bebé a encontrar a su mamá.

Une las sombras

Traza una línea entre los animales marinos
y sus sombras correspondientes.

Une los colores

Traza la línea de puntos entre las criaturas marinas y sus colores correspondientes.

¡Coloréame!

Colorea esta medusa.

Sumas marinas

Completa las sumas y escribe
las respuestas en los cuadrados.

Punto a punto

Une los puntos en orden y averigua el animal oculto.
Luego coloréalo.

29 30
28
27
1
26
25
2
24 23
3
22
4
5
21
6
20
7
8
19
9
18 10 11
14 12
17 13
15
16

Traza las letras:

¡Pez espía!

Encuentra y enumera cada criatura marina. ¡Presta atención! Hay algunas diminutas escondidas en la imagen.

Tortugas

Estrellas de mar

Medusas

Caballitos de mar

Tiburones

Delfines

¡Coloréalos!

Usa tus rotuladores favoritos para colorear
esta fantástica escena.

Dibuja la otra mitad

Traza la otra mitad del dibujo. Colorea la imagen.
¿Puedes hacer coincidir los colores?

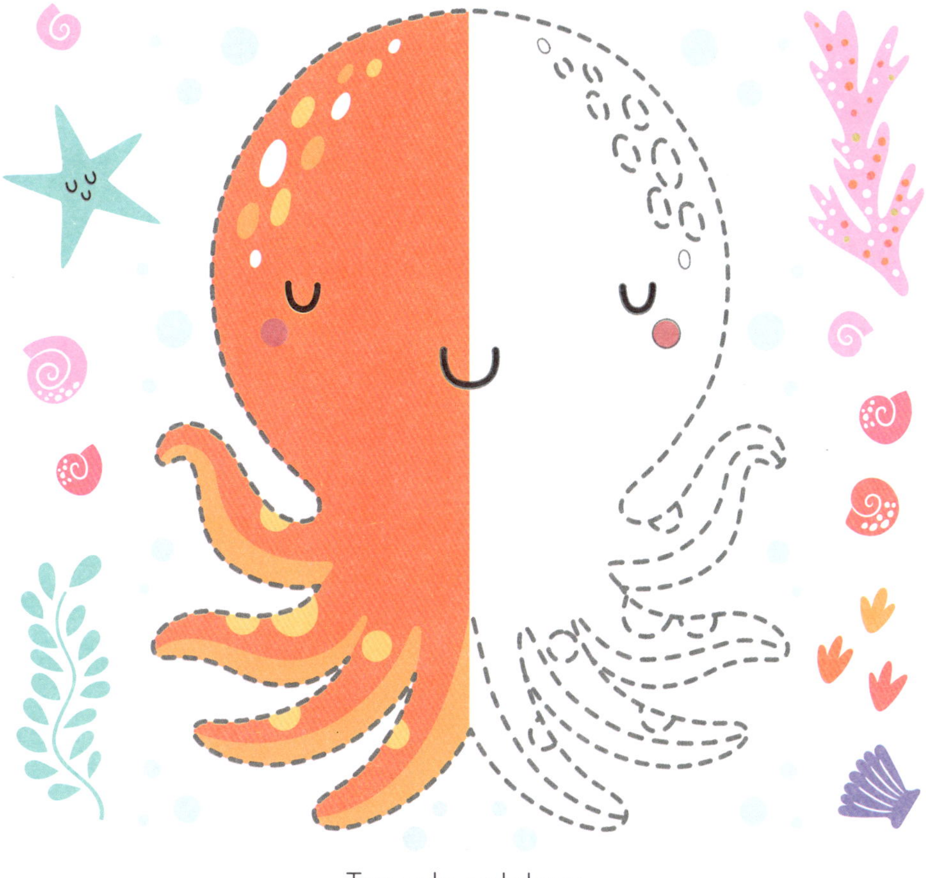

Traza la palabra:

pulpo

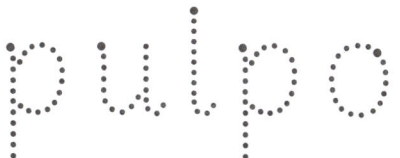

Colorea por número

Colorea esta imagen utilizando el código numérico.

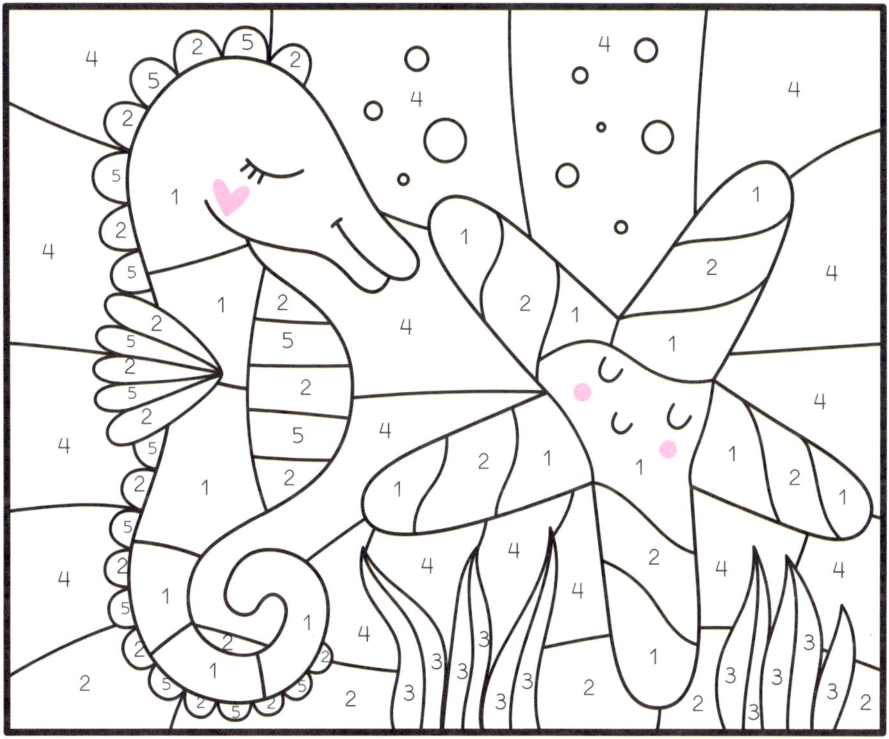

1 Naranja

2 Amarillo

3 Verde

4 Azul

5 Morado

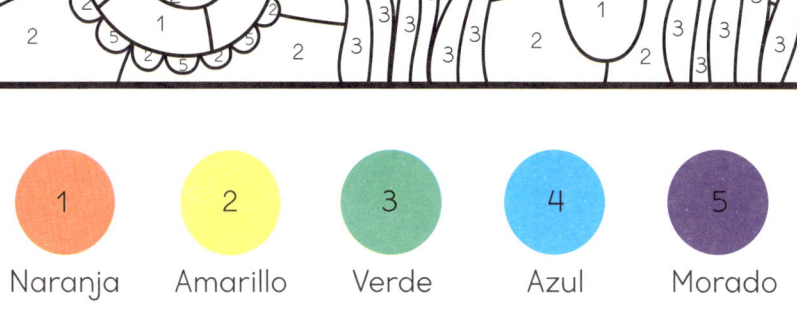

Encuentra las diferencias

¿Puedes encontrar ocho diferencias entre las dos escenas marinas?

Peces distintos

Aquí hay muchos peces. Uno tiene su cuerpo de color azul y otro lleva sombrero. Dibuja un círculo alrededor de cada uno de ellos.

Punto a punto

Une los puntos en orden y luego termina
de colorear el pez ángel.

1
29
28
2
27
3
26
4
24
25
5
23
22
6
21
20
7
19
15
18
14
8
16
13
9
17
12
11
10

Traza las letras:

pez ángel

Pez arcoíris

Aquí tenemos un pez para colorear
con hermosos colores del arcoíris.

Traza y colorea

Traza las líneas de puntos para terminar de dibujar
a estas criaturas marinas. Luego coloréalas.

Sumas marinas

Escribe las respuestas a cada una de estas sumas.

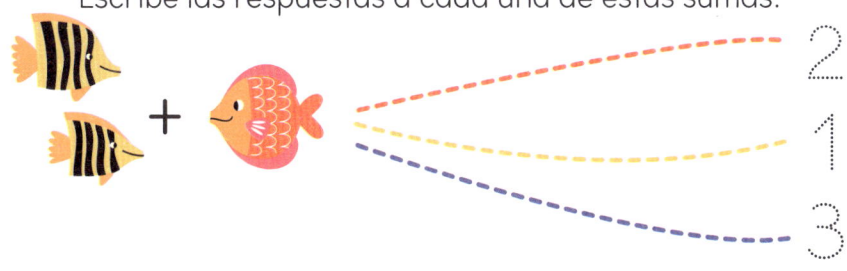

2
1
3

 + 1 = ☐

+ 3 = ☐

+ 2 = ☐

+ 1 = ☐

+ 2 = ☐

+ 3 = ☐

+ 2 = ☐

+ 4 = ☐

+ 1 = ☐

+ 5 = ☐

Pesca enredada

Estos niños han enredado sus líneas de pesca. ¿Puedes seguir las líneas para saber qué pescó cada uno?

Escribe aquí quién pescó el cangrejo, el pez o la bota vieja.

Mamás y bebés

Traza las líneas de puntos para saber qué bebé pertenece a cada mamá.

Encuentra las diferencias

¿Puedes encontrar ocho diferencias
entre las dos escenas siguientes?

Fiesta en el arrecife

¿Puedes encontrar cuáles son las dos piezas que faltan en el rompecabezas? Marca las respuestas correctas.

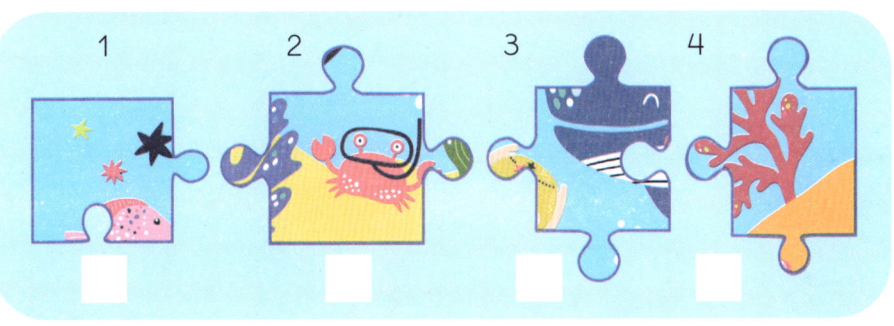

¡Veo más peces!

Encuentra y enumera cada animal marino.
¡Presta atención! Hay algunos muy pequeños.

	Peces		Ballenas		Tortugas
	Tiburones		Estrellas marinas		Cangrejos

Laberinto del barco pirata

La tortuga está atrapada en el barco pirata
hundido. ¡Ayúdala a encontrar la salida!

Salida

Encuentra al distinto

Encuentra la imagen que no es un animal marino
en cada fila. Dibuja un círculo alrededor de cada una.

Cópiame

Mira la imagen superior y cópiala en la
cuadrícula inferior. Luego, colorea tu dibujo.

Peces azules

Traza un círculo alrededor de todas las criaturas marinas azules que aparecen en la imagen.

Números que faltan

Mira los números y objetos de cada fila.
Luego escribe el número que falta.

1		3		5

4		6

1				5
			9	

Punto a punto

Une los puntos en orden y luego colorea
el animal misterioso.

17
18
16
19
15
14
20
13 9
8 2
1
21
22
12 10
23
7 3
30 29 25 24
35
4
31
11 28
6 26
34
32
5
27
33

¿Qué sigue?

Dibuja en cada recuadro la imagen que corresponde
para completar la serie.

Colorea por número

Colorea esta imagen utilizando
el código numérico.

1 Naranja

2 Amarillo

3 Verde

4 Azul

5 Morado

¡Falta algo!

¿Puedes encontrar cuáles son las piezas que faltan? Marca las respuestas correctas.

1 ☐

2 ☐

3 ☐

4 ☐

Traza y colorea

Traza las líneas alrededor de la tortuga
y luego decórala con hermosos colores.

Mi tortuga se llama:

_____

Encuentra los números que faltan

La suma de lo que aparece en cada cuadrícula es 10.
¿Puedes completar el número que falta en cada una?

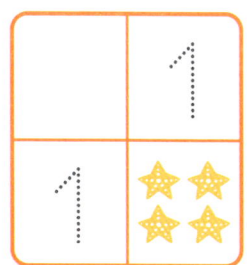